TRAVAIL du Comité-Militaire, composé, sur la demande de M. de la FAYETTE, d'un Député par District, & chargé, par les Districts, du projet d'Organisation.

RÉGLEMENT

POUR LA FORMATION, ORGANISATION, SOLDE, POLICE ET ADMINISTRATION DE L'INFANTERIE NATIONALE PARISIENNE.

TITRE PREMIER.

De la Formation & Organisation.

ARTICLE PREMIER.

TOUTES Troupes ci-devant employées à la Garde & Police, ou autre Service dans la Ville de Paris, sont & demeureront supprimées.

A

II. Il sera formé un Corps de Troupes d'Infanterie, dont la force effective, compris les Officiers, sera de 31,058 hommes, sous la dénomination de *Gardes Nationales Parisiennes*.

III. Tout Citoyen domicilié, marié ou non marié, depuis l'âge de vingt ans révolus, jusqu'à l'âge de cinquante, sera porté sur la Liste générale des Soldats Citoyens, & tenu de marcher, quand il en sera requis.

IV. Tous Ouvriers, Artisans, non domiciliés, devant être conservés pour leurs travaux, seront en conséquence exempts de ce Service. Seront exclus tous gens en état de domesticité.

V. Il sera pris dans la classe des Citoyens désignés par l'Article III ci-dessus, & suivant la forme qui sera indiquée, le nombre d'hommes nécessaire pour former un Bataillon de cinq Compagnies de cent hommes chacune, par chacun des soixante Districts. Une de ces Compagnies sera soldée & toujours en activité, & les quatre autres seront composées, ainsi qu'il est porté dans l'Article III.

VI. La Liste des Citoyens, faite par les Districts, sera toujours tenue au complet, par de nouveaux appels, à mesure des vacances par mort, absence ou progrès de l'âge.

VII. Il sera formé une division de dix en dix bataillons; de manière que les soixante Districts forment six divisions, conformément au Tableau annexé au présent Réglement, lesquelles porteront les noms de *première*, *deuxième*, *troisième*, *quatrième*, *cinquième* & *sixième*, après que le rang aura été déterminé par le sort, ainsi qu'il sera dit au titre V.

VIII. Les Bataillons feront défignés par les Numéros 1er, 2e, 3e, 4e, 5e, 6e, 7e, 8e, 9e, & 10e, & par celui de la Divifion de laquelle ils feront partie.

IX. Chaque Bataillon fera compofé de cinq Compagnies ; dont une foldée, & quatre non foldées.

La Compagnie foldée occupera le centre du Bataillon. Le rang des quatre autres Compagnies dans le Bataillon, celui des Bataillons dans les Divifions, & celui des Divifions dans la Ligne, feront déterminés par le fort, & demeureront invariables.

X. La répartition des Diftricts ne pouvant être, quant à préfent, tellement égale, ni par leur étendue, ni par leur population refpective, qu'ils puiffent compléter leur Bataillon ; la cote-part de chacun fera réglée par la Municipalité, d'après le dénombrement général ; les Diftricts les plus proches de celui qui ne pourroit fournir la totalité de fon Bataillon, le compléteront en raifon de leur furabondance refpective.

XI. Tout Individu employé dans le Corps de la Garde Nationale Parifienne, foit foldé, foit non foldé, prêtera ferment entre les mains de la Municipalité.

XII. L'Etat-Major général des *Gardes Nationales Parifiennes*, fera compofé de la manière fuivante ; les Sujets qui y feront nommés, recevront le traitement qui fera fixé à la fuite du titre III de ce Réglement.

Etat Major-Général.

Un Commandant général.

A ij

Un Major général.
Un Premier Aide-Major général.
Deux Aides-Majors Généraux.
Six Aides-de-Camp.
Un Commiſſaire général, chargé des Revues.
Un Quartier-Maître-Tréſorier général.
Un Secrétaire Général.

Les fonctions des différens emplois ci-deſſus, feront expliqués dans le préſent réglement.

XIII. Chaque Diviſion d'Infanterie aura auſſi un Etat-Major formé ainſi qu'il ſuit, & dont les Sujets qui le compoſent, excepté le Chef de Diviſion & le Commandant de Bataillon, recevront le traitement qui ſera fixé dans le préſent Réglement.

Etat-Major de chaque Diviſion d'Infanterie.

Un Chef de Diviſion.
Dix Commandans de Bataillon.
Un Major.
Dix Aides-Majors.
Un Chirurgien-Major.
Un Tambour-Major.

XIV. Il ſera formé une Compagnie de Grenadiers par Diviſion d'Infanterie, laquelle ſera attachée au premier Bataillon de la Diviſion.

XV. Chaque Compagnie de Grenadiers & de Fuſiliers ſoldée, ſera compoſée de

3. { 1. Capitaine.
    { 1. Lieutenant.
    { 1. Sous-Lieutenant.

$$
(\text{1}) \ 100. \begin{cases} \text{1. Sergent-Major.} \\ \text{4. Sergens.} \\ \text{8. Caporaux.} \\ \text{8. Appointés.} \\ \text{77. Grenadiers ou Fusiliers.} \\ \text{2. Tambours.} \end{cases} \begin{rcases} \text{Divisés en} \\ \text{deux Pelo-} \\ \text{tons, 4 Sec-} \\ \text{tions \& 8} \\ \text{Escouades.} \end{rcases}
$$

XVI. Chaque Compagnie d'Infanterie non foldée, fera composée ainfi qu'il fuit :

$$
3. \begin{cases} \text{1. Capitaine.} \\ \text{1. Lieutenant.} \\ \text{1. Sous-Lieutenant.} \end{cases}
$$

$$
100. \begin{cases} \text{1. Sergent-Major.} \\ \text{4. Sergens.} \\ \text{8. Caporaux.} \\ \text{86. Fufiliers.} \\ \text{1. Tambour , qui aura la folde.} \end{cases}
$$

---

(1) Il eft impoffible de fe former une idée bien exacte du nombre d'hommes néceffaire à la garde de la Ville , dans le moment où elle fe voit délivrée d'une Adminiftration de Police , fondée fur l'efpionage. Le nombre propofé a été réglé de concert avec M. le Commandant de la Garde de Paris. Dans le cas où l'expérience permettroit de diminuer la Garde foldée , on pourroit laiffer tomber les Compagnies à quatre-vingt hommes , ou moins , pour que la dépenfe foit exactement proportionnée au befoin.

XVII. Le Corps d'Infanterie, ainſi formé &
organiſé, préſentera le Tableau ſuivant:

	Officiers sans appointemens.	Officiers avec appointemens.	Troupe sans ſolde.	Troupe ſoldée.
Etat-Major général.	1.	13.		
Etat-Major des Diviſions.	66.	72.		6.
Les ſix Diviſions d'Infanterie.	720.	180.	24,000.	6,000.
	727.	265.	24,000.	6,006.

Dont { Officiers. 1,052
Hommes. 30,006

TOTAL GÉNÉRAL. 31,058

XVIII. Il ſera formé une Diviſion de Cavalerie
& un Parc d'Artillerie.

La compoſition, l'organiſation, le traitement
& ſolde de ces deux Armées, ſeront fixés dans un
Réglement particulier.

TITRE II.

Des nominations aux emplois, des Appointemens, Solde & Maffe.

ARTICLE PREMIER.

Le Commandant général fera élu dans les mêmes formes que le Maire de la Ville.

II. La nomination des Officiers de l'Etat-Major général, fera faite par la Municipalité, fur la préfentation du Général, ainfi que celle des Majors de Divifion.

III. Les fix Chefs des Divifions d'Infanterie feront librement élus par les dix Diftricts réunis, formant chaque Divifion; chaque Diftrict ayant trois Repréfentans. Les Commandans de Bataillons feront nommés par leurs Diftricts.

IV. Les places d'Officiers dans les Compagnies foldées, feront données, à l'époque de la formation actuelle, fçavoir celles de Capitaine, & Aide-Major, aux Sujets qui réuniront le plus de voix dans le Diftrict du Bataillon dont elles feront partie; celles de Lieutenans & Sous-Lieutenans aux plus anciens Bas-Officiers qui ont fervi la Caufe publique.

V. A l'avenir, les Officiers de ces Compagnies rouleront enfemble pour leur avancement, par Divifion; les Sergens & Caporaux, par Compagnie.

VI. Les remplacemens feront faits alternativement; 1º par droit d'ancienneté du Grade inférieur au Grade fupérieur.

2°. Par nomination.

Cette Nomination fera faite par tous les Officiers réunis avec un nombre égal de Membres du Diſtrict de la Compagnie où le remplacement devra ſe faire : les Membres qui devront voter pour cette Nomination ſeront nommés par l'Aſſemblée générale du Diſtrict ; en ſorte que les Emplois de chaque Grade, ſeront remplis alternativement par un Officier montant de droit, & par un Officier nommé.

VII. Les Places de Sergent Major, Sergens & Caporaux, vacantes par cette première Promotion, ſeront données à l'ancienneté, parmi ceux qui ont ſervi la cauſe publique. (On admettra de préférence ceux qui ſçauront lire & écrire).

Les places d'Apointés ſeront données aux plus anciens Soldats de la Compagnie.

VIII. Tous les Officiers des Compagnies non-ſoldées, ſeront à la nomination du Diſtrict de chaque Bataillon.

Les remplacemens des Officiers morts ou retirés, ſe feront comme pour les Compagnies ſoldées entre les Officiers des quatre Compagnies du même Bataillon, qui rouleront enſemble pour leur avancement.

IX. Tous les Brevets & Lettres des Officiers, ſeront ſignés par le Maire de la Ville & par le Commandant général ; en conſéquence les Brevets & Lettres qui doivent être délivrés aux Officiers pourvus d'emplois, à l'époque de la formation du Corps, & à ceux qui y ſeront nommés par la ſuite, ſeront remplis par le Secrétaire général, qui ſera chargé de les faire ſigner au Commandant général, & de les adreſſer enſuite à l'Hôtel de la Municipalité ; pour être ſcellés du cachet aux armes de la Ville. Lorſqu'ils ſeront revêtus des ſignatures & cachet, le Greffier les adreſſera audit Secrétaire général, qui les délivrera gratis aux Officiers.

X. Les apointemens, ſolde & maſſe, de la Troupe ſoldée, ſeront fixés d'après l'état général qui en ſera arrêté.

XI. Les ſommes néceſſaires pour payer les apointemens, ſolde & maſſe, ſeront comptés au Quartier-Maître-Tréſorier-général du Corps, à raiſon d'un douzième par mois, par le Tréſorier-général de la Ville, au moyen d'une autoriſation ſignée du Commandant général & du Major général.

TITRE III.

Habillement, Equipement, Armement & Réparations.

ARTICLE PREMIER.

L'habillement de la Troupe d'Infanterie ſoldée & non ſoldée, ſera comme il ſuit :

Un habit de drap bleu de Roi, ayant des revers & paremens de drap blanc, le colet montant ſera de drap écarlatte, la doublure blanche, avec un paſſe-poil écarlatte, les boutons & diſtinctions ſeront jaunes.

Les boutons ſeront timbrés aux armes de la Ville, & porteront, en outre, le nᵒ. de la Diviſion & du Bataillon.

Les boutons & diſtinctions de l'Etat-Major général ſeront jaunes. Les boutons ſeront aux armes de la Ville, ſans nᵒ.

Une Veste & une Culotte de drap blanc.

Un chapeau bordé d'un galon noir, & garni d'une Cocarde de bazin blanc, liserée bleu & rouge avec un bouton uniforme.

Un Bonnet de police de drap bleu.

Deux paires de Guêtre noires pour le service d'hiver, & deux paires de toile blanche pour le service d'été, avec des petits boutons de cuivre uni.

Les Officiers de l'Etat-Major général & de division feront en Bottes, lorsqu'ils feront fous les armes ou de service.

Les capottes des Sentinelles, feront en drap gris de fer.

Un col de bafin blanc.

Les boucles feront de cuivre de forme carrée, les angles extérieurs en feront arrondis.

Les cheveux en queue, ceux des faces feront frifés avec une fimple boucle.

Le hauffe-col fera doré, ayant une plaque en argent aux armes de la Ville.

Les Epées feront dorées.

Les Officiers porteront les épaulettes & dragonnes de leur grade, de la couleur du bouton.

SÇAVOIR.

Le Commandant général, les Chefs de Divifion, & le Major général auront deux épaulettes en or. Les franges en feront à nœuds de cordelière & cordes à puits.

Les Aides-Majors généraux auront les mêmes épaulettes que le Major général, lefquelles feront barrées au milieu de leur longueur par un cordonnet rouge de la largeur de deux lignes.

Les Commandants de Bataillons auront la même épaulette que celle du chef de division, laquelle fera barrée dans fa longueur par un cordonnet bleu, de deux lignes.

Les Majors de divifion auront deux épaulettes en or, à franges.

Les Aides-Majors auront une épaulette en or, & la porteront à droite.

Les-Aides-de-Camp auront une épaulette de Major.

Le Commiffaire-général, le Quartier-Maître-Tréforier-général, & le Secrétaire-général auront rang de Capitaine, & en porteront les diftinctions.

Les Capitaines auront une épaulette femblable à celle du Major.

Les Lieutenans auront une épaulette de Capitaine, avec une barre de foie rouge dans le milieu.

Les Sous-Lieutenans auront l'épaulette femblable à celle des Lieutenans, avec deux barres de foie rouge au milieu.

Les dragonnes des Grades ci-deffus, feront, fuivant les diftinctions des épaulettes, excepté que celles d'Aides-Majors, de Commiffaire-général, de Quartier-Maître-général & Secrétaire-général ne feront point barrées.

Les épaulettes feront doublées avec du drap écarlate, tous les Officiers qui n'auront qu'une épaulette, porteront la contr'épaulette, conforme au corps de l'épaulette,

Les Officiers de l'Etat-Major général porteront le même uniforme que les Gardes, & feront diftingués par des plumes des couleurs fuivantes.

Le Gommandant-Général portera la plume blanche furmontée des couleurs rouge & bleue.

Les fix Chefs de divifions, le Major-Général, & les Aides-Majors-Généraux, porteront la plume blanche.

Les Aides-de Camp porteront la plume rouge.

Il fera arrêté des modèles de tous les objets compris dans cet article, fur chacun defquels on appofera le cachet du Corps, & ils feront dépofés enfuite dans les magafins.

II. La Troupe non foldée fera dans l'uniforme prefcrit ci - deffus, lorfqu'elle fera fous les armes.

III. Il fera donné à chaque Bataillon un Drapeau de couleur & légende au choix du Diftrict. Ce Drapeau fera placé à la Compagnie du centre, qui fera celle foldée, & gardé par des Bas-Officiers des première, deuxiéme, quatrième & cinquième Compagnies non foldées. Lorfque les Troupes ne feront point fous les armes, les Drapeaux des dix Bataillons, formant la Divifion, feront dépofés chez le Chef de divifion.

Chacune des quatre autres Compagnies, aura une Flâme, laquelle fera portée par un Sergent, lorfque la Troupe fera fous les armes ; & , hors de là, elle fera dépofée chez le Capitaine de chaque Compagnie.

IV. Les habits & veftes de la Troupe foldée, feront remplacés tous les deux ans.

Les chapeaux tous les deux ans.

Les culottes tous les ans.

Les deux paires de guêtres tous les deux ans, ou une paire par an.

Le col & la cocarde tous les ans ; on en délivrera deux la première année.

Les deux paires de fouliers & les deux chemifes
tous les ans.

Les habits & veftes, qui feront remplacés,
feront retirés & mis en magafin, pour fervir à
faire les réparations journalières. Les autres effets
feront abandonnés à la Troupe, & on ne les
retirera point en les remplaçant ; mais elle fera
obligée de les réparer ; ou même de les remplacer
à fes dépens, s'ils font ufés ou perdus dans l'intervalle d'une livraifon à l'autre.

V. L'équipement fera de bufle blanchi, & compofé pour tous les grades & pour toutes les Troupes foldées, ou non foldées, d'une giberne avec fa
banderole, & d'un ceinturon. Le remplacement
s'en fera par quinzième, tous les ans, à la Troupe
d'Infanterie foldée, & les réparations générales
s'en feront annuellement.

VI. Toutes les fois que la Troupe prendra les
armes pour l'exercice, les Officiers feront armés d'é-
pées, les Sergens de fufils & bayonnettes dits Officiers & de fabres ; les Caporaux feront auffi armés de
fabres, ainfi que les Tambours ; & le refte de la
Troupe de fufils & bayonnettes feulement ; le
tout conforme aux modèles qui feront arrêtés.

Le remplacement de l'Armement ci-deffus pour
les Compagnies foldées, fera fait par le magafin
d'Artillerie, quand il fera jugé hors de fervice,
les réparations des Armes fe feront journellement,
de la manière qui fera indiquée.

VII. Il fera établi des Magafins & des Atteliers
de toutes les parties d'Habillement, Equipement
& Armement, fous la vigilance des Officiers que
le Comité d'Adminiftration du Corps aura choifi

à cet effet, & fous la furveillance & infpection du Quartier-Maître-Général.

VIII. Tous les Officiers & Gardes, non foldés, fe fourniront, à leurs frais, des effets mentionnés dans l'Article ci-deffus, conformément aux modèles arrêtés ; les Sergens, Caporaux, Fufiliers & Tambours de la Troupe foldée, feront entretenus defdits effets, fur le compte de la maffe générale.

IX. Les Tambours des Compagnies non foldées feront entretenus aux dépens de la maffe.

Et ont figné les membres préfens : *de Keralio, Gerderet, de S.-Martin, le Marquis d'Elbée, le Comte de Vinezac, de la Grey, d'Acofta, Ferrouffat, Guarin de Sercilly, Defperrieres, Viot, Maifon de Neuville, Gallet-de-Santerre, Parfeval de Grand-Maifon, de Ramainvilliers, Jacquinot, de Meftre-du Rival, Lebelle, Gondeville, Chevalier Guillotte, Guérin, Cherpitel, de Boispreaux, de Berryrier, Cheron-de-la-Bruyere, Barré-de-Boifméan, Flament, Roualle-Chevalier-de Boisgelou, Guiard, le Chevalier-de-Saint-Tray*, Adjoint.

Le Marquis de Chabert, Vice-Préfident.

Hion, Secrétaire.

Lu à l'Affemblée des Repréfentans de la Commune par *M. de la Fayette*, & imprimé par ordre de l'Affemblée, ainfi qu'il fuit :

Bon à Imprimer, ce 31 Juillet 1789.

Signés, *Moreau de St. Méry, Delavigne*, Préfidents.

Partage de Paris en six Divisions, chacune de dix Districts, avec l'indication des Casernes & Chefs-lieux de chacune, en exécution de l'Article VII du Titre premier du Réglément.

DIVISIONS.	DISTRICTS.	CASERNES.	CHEFS-LIEUX.
1re DIVISION.	1 Notre-Dame. . . rue		Rue de Sève devant les Petites-Maisons.
	2 St-Severin. . . . rue		
	3 Les Barnabites. . . rue		
	4 Abbaye S-Germain. rue		
	5 Petits-Augustins. . rue		
	6 Jacobins, rue St-Dominique. . . . rue		
	7 Les Théatins. . . rue		
	8 Les Cordeliers. . rue		
	9 Les Carmes déchaussés rue		
	10 Les Prémontrés. . rue		
IIe DIVISION.	11 St-André-des-Arcs. rue		Place Sainte-Géneviève.
	12 Les Mathurins. . rue		
	13 Sorbonne. . . . rue		
	14 St-Jacques-du-Haut Pas. . . . rue		
	15 St Louis en l'Isle. . rue		
	16 St-Nicolas du Chardonnet. . . . rue		
	17 St-Victor. . . . rue		
	18 St-Etienne-du-Mont. rue		
	19 Le Val-de-Grâce. . rue		
	20 St-Marcel. . . . rue		
IIIe DIVISION.	21 St-Jean-en-Grève. rue		Place-Royale.
	22 St-Gervais. . . rue		
	23 S-Louis de la Culture. rue		
	24 Enfans-Trouvés, F. B. S.-Antoine. . rue		
	25 Petit S.-Antoine. . rue		
	26 Minimes, Place-Royale. . . . rue		
	27 Trainel, F. B. S.-Ant. rue		
	28 Ste-Marguerite. . rue		
	29 Capucins du Marais. rue		
	30 Les Blancs-Manteaux. rue		

DIVI-SIONS.	DISTRICTS.	CASERNES.	CHEFS-LIEUX.
IVe. Division.	31 Les Enfans-Rouges.	rue	Cour de l'Abbaye S.-Martin, ou Boulevard S.-Martin.
	32 Les Pères-Nazareth.	rue	
	33 St. - Médéric. . .	rue	
	34 Le Sépulcre. . .	rue	
	35 St. - Martin - des - Champs. . . .	rue	
	36 Les Récolets. . .	rue	
	37 St. - Nicolas - des - Champs. . . .	rue	
	38 Ste-Elisabeth. . .	rue	
	39 Filles - Dieu. . .	rue	
	40 St. - Laurent. . .	rue	
Ve Division.	41 Ste.-Opportune. .	rue	Halle à la Marée. rue de Bourbon, ou Boulevard Poissonière
	42 S.-Jacques-l'Hôpital.	rue	
	43 Bonne-Nouvelle. .	rue	
	44 S.-Lazare. . . .	rue	
	45 S.-Jacques - de - la-Boucherie. . . .	rue	
	46 S. - Leu. . . .	rue	
	47 S. - Magloire. . .	rue	
	48 S.-Joseph. . . .	rue	
	49 Petits-Pères , place des Victoires. . .	rue	
	50 S. - Eustache. . .	rue	
VIe Division.	51 Les Capucins , Chaussée-d'Antin. . .	rue	Place Vendôme.
	52 Les Filles S.-Thomas.		
	53 S.-Honoré. . . .	rue	
	54 S.-Roch. . . .	rue	
	55 Les Jacobins S.-Honoré.	rue	
	56 S.-Philippe du Roule.	rue	
	57 S.-Germain-l'Auxerrois.	rue	
	58 L'Oratoire. . .	rue	
	59 Les Feuilians. . .	rue	
	60 Les Capucins S.-Honoré. . . .	rue	

TABLEAU de la Dépense de la *Garde Nationale Parisienne*, par an.

Etat-Major-Général.	Appoint. de chaque Grade.	Totaux.
1 Commandant-Général.		
1 Major-Général.	15,000	15 000
1 Premier Aide-Major-Général.	9,000	9,000
2 Aides-Majors-Généraux.	8,000	16,000
6 Aides-de-Camp.	2,400	14,400
1 Commiffaire-Général chargé des Revues.	6,000	6,000
1 Quartier-Maître-Général-Tréforier.	12,000	12,000
1 Secrétaire Général.	5,000	5,000
Fait de tous les Bureaux du Corps, & Ports de Lettres.	30,000	30,000
Total de l'Etat-Major-Général.		107,400

Etat-Major des 6 Divifions ; Détail d'une Divifion.

	Appoint. de chaque Grade.	Totaux.
1 Chef de Divifion. . . }		
10 Commandans de Ba-taillon. . . . . . } Sans Appointemens.		
1 Major.		8,000
10 Aides-Majors à 2,000 liv.		20,000
1 Chirurgien-Major.		600
1 Tambour-Major à 32 f.		576
Total d'une Divifion.		29,176
Total des autres Divifions.		145,830
Total des fix Divifions enfemble.		175,056

Six Compagnies de Grenadiers foldés ; Détail d'une Compagnie.

	Appoint. de chaque Grade.	Totaux.
1 Capitaine.	3,000	3,000
1 Lieutenant.	2,000	2,000
1 Sous-Lieutenant.	1,600	1,600
1 Sergent-Major à 32 f.	576	576
4 Sergent à 28 f.	504	2,016
8 Caporaux à 22 f.	396	3,168
8 Appointés à 18 f.	324	2,592
77 Grenadiers à 17 f.	306	23,562
2 Tambours à 20 f.	360	720
Total d'une Compagnie de Grenadiers.		39,234
Total des 5 autres Compagnies de Grenadiers.		196,170
Total des 6 Compagnies de Grenadiers enfemble.		235,404

B

54 COMPAGNIES DE FUSILIERS SOLDÉS.

Détail d'une Compagnie.

1	Capitaine.	2,800	2,800
1	Lieutenant.	1,800	1,800
1	Sous-Lieutenant.	1,400	1,400
1	Sergent-Major à 30 f.	540	540
4	Sergens à 25 f.	450	1,800
8	Caporaux à 20 f.	360	2,880
8	Appointés à 16 f.	288	2,304
77	Fufiliers à 15 f. (net & non compris les maffes)	270	20,790
2	Tambours à 18 f.	324	648

Total d'une Compagnie de Fufiliers. . . 34,962
Total des 53 autres Compagnies de Fufiliers. . . 1,852,986

Total des 54 Compag. de Fufiliers enfemble. . . 1,887,948

240 Tambours attachés aux 240 Compagnies non-foldées, par jour à 18 f. . . . . . } 77,760

Maffe générale.

À 110 liv. par homme d'Infanterie par an, au complet pour faire face à la dépenfe des Recrutement, Réengagement, habillement, équippement & réparations

générales de deux chemifes.
deux paires de fouliers.
un col, une cocarde.
une paire de guêtres. } par homme par an. } 682,770

Maffe des 240 Tambours attachés aux 240 Compagnies, à 110 liv. par homme, comme ci-deffus. } 26,400

Récapitulation générale.

Total de l'Etat-Major-Général. . . . 107,400
Total de l'Etat-Major des 6 Divifions. . . 175,056
Total des 6 Compagnies de Grenadiers. . . 253,404
Total des 54 Compagnies de Fufiliers. . . 1,887,948
Total des 240 Tambours pour les Compagnies non-foldées. 77,760
Maffe générale. 682,770
Maffe des 240 Tambours pour les Compagnies non-foldées. 26,400

Total de la Récapitulation. . . . 3,192,738

Nota. Le traitement du Commandant-Général n'eft point compris dans la dépenfe ci-deffus.

APPERÇU

*D*ES *Recouvremens à faire, pour aider à satisfaire
à la Dépense annuelle de la* GARDE NATIONALE
PARISIENNE.

Guet de Paris.	990,000 l.
Gouvernement de Paris.	60,000
Gouvernement de la Baſtille.	104,000
Régiment des Gardes-Françoiſes. . .	1,266,922
Milice de Paris.	102,000
Moitié de la Police, évaluée à . . .	800,000
Secret des Lettres, évalué à	400,000
Total.	3,722,922 l.
Dépenſe annuelle de la Garde Nationale. . .	3,192,738 l.
Reſte.	530,184 l.
A ce produit, il faut ajouter la moitié de la ſomme de 1,144,000 liv., donnée à la Police, pour la deſtruction du Vagabondage & de la Mendicité. .	572,000
Reſte net, pour la Cavalerie & l'Artillerie. .	1,102,184 l.

*Signé, De Boiſpréaux, Gallet de Santerre, Demeſtre
du Rival, de Beriytter, Flament, Cherpitel, Chevalier
Guillotte, de Peſcheloche, Parſeval de Grandmaiſon,
Debourge, le Marquis d'Elbée, le Chevalier de Saint-
Tray, Adjoint; Gondeville, Chéron de la Bruyère,
Guérin, Gerderet, Barré de Boiſméan, Muguet de
Champalier, le Comte de Vinezac, d'Acoſta, Guérin
de Sercilly, Deſperrières, Lebelle, Roualle-Chevalier de
Boiſgelou, Guyard, Dubergier, Lafoſſe, de Kéralio,
Jacquinot, Jacquin, de St-Martin, de Lagrey, de
Ramainvillier, Maſſon de Neuville, Viot, Ferrouſſat.*

Le Marquis de Chabert, Vice-Préſident; *Hion,*
Sécrétaire.

TITRE IV.

Du Logement, du Service intérieur, de la Police intérieure.

ARTICLE PREMIER.

Du Logement.

La Troupe soldée sera casernée dans des maisons, que chaque district fera fournir, afin de l'avoir plus promptement au besoin, & lui faciliter le moyen de vivre en chambrée & en communauté. Il sera nécessaire de répartir, d'une manière égale, dans l'étendue de la Division, les dix Compagnies qui doivent y être casernées.

Les Officiers se logeront à leurs frais, & le plus à portée que faire se pourra de leur troupe, & même dans les casernes, si cela est possible.

Du Service intérieur, & de la Police.

II. La Subordination étant l'âme de tout Corps Militaire ou Civil, il est important de régler dans celui des Gardes-Nationales Parisiennes, qui en porte les deux titres, une gradation de rang qui fasse connoître à tous les Individus du Corps, le degré de subordination & d'obéissance qu'ils doivent avoir pour tous ceux qui leur sont Supérieurs; en conséquence, il a été réglé & arrêté ce qui suit:

Tout Appointé, Grenadier, Fuſilier & Tambour des Compagnies ſoldées ou non ſoldées, obéira, non-ſeulement à tous les Officiers, mais même à tous les Caporaux indiſtinctement, & dans toutes les occaſions relatives au Service, pourvu qu'ils portent les marques diſtinctives de leurs Grades.

Les Caporaux obéiront à tous les Sergens-Majors, au Tambour-Major, qui aura le même rang, & à tous les Sergens.

Les Sergens ſeront ſubordonnés aux Sergens-Majors.

Les Sergens-Majors, ainſi que les autres Bas-Officiers & Caporaux, ſeront ſubordonnés à tous les Officiers du Corps.

Lorſque la Troupe ſera ſous les armes, & dans toutes les occaſions relatives au Service, les Sous-Lieutenans ſeront ſubordonnés à tous les Lieutenans.

Les Lieutenans à tous les Capitaines.

Les Capitaines & Aides-Majors, aux Commandans de Bataillons.

Les Commandans de Bataillons aux Aides-Majors-Généraux.

Les Aides-Majors Généraux au Major Général.

Le Major Général & les Chefs de Diviſions au Commandant Général.

Lorſqu'il ſe trouvera enſemble pluſieurs Officiers, Sergens & Caporaux du même Grade, le plus ancien de ſervice aura le commandement ſur tous les autres; &, ſi les ſervices ſe trouvent de même date, le plus ancien d'âge commandera.

III. Le Commandant général prêtera serment entre les mains de la Municipalité, qui lui donnera le pouvoir de recevoir, en son nom, tous ceux des Officiers du Corps; en foi de quoi il délivrera un certificat à chaque Officier sermenté, & qui ensuite pourra être reçu & reconnu à la tête de la Troupe, de la manière qui sera dit ci-après.

1V. Tous les Officiers, excepté le Commandant-Général, seront reçus par un Officier d'un grade supérieur au leur; & aucun n'aura le droit de porter les marques distinctives de son grade, quoi-qu'ayant reçu son brevet, que du jour de sa réception.

V. On fera porter le Drapeau du Bataillon à la Parade, lorsque le Récipiendaire sera du grade de Major ou d'un grade au-dessus.

VI. Les Officiers de l'Etat-Major-Général seront reçus & reconnus à la Parade de la première Division; &, comme il est nécessaire que les autres Divisions en soient instruites, il en sera fait mention, à l'ordre de chacune, à la Parade.

Les Officiers de l'Etat-Major des Divisions seront reçus & reconnus, à la Parade, dans leurs Divisions respectives.

Les Officiers des Compagnies seront reçus & reconnus à la tête de leurs Compagnies, dans leur Bataillon.

L'Officier, qui en recevra un autre, fera porter les armes à la Troupe, fera placer le Récipiendaire à deux pas en avant d'elle, en lui faisant face; il ordonnera au Tambour de battre le Ban

de la Ville ; il prononcera enfuite, à haute &
intelligible voix, la formule fuivante :

« De par Meſſieurs le Maire de la Ville de Paris,
» & le Commandant-Général du Corps de la
» Garde-Nationale-Pariſienne : Soldats-Citoyens,
» vous reconnoîtrez M. . . . . (un tel) en
» qualité de   & vous lui obéirez
» en tout ce qu'il vous commandera pour le
» *Service & Police* de ladite Ville. »

Après ces mots les Tambours fermeront le ban ;
& le nouveau promu prendra rang & commandement dans la Troupe.

Après que l'organiſation générale aura été arrêtée, on s'occupera de celle des Compagnies ; en
conſéquence, il ſera délivré, à chaque Capitaine
des Compagnies non ſoldées, des feuilles impri-
mées, pour y inſcrire les noms de tous les Officiers,
Bas-Officiers & Soldats qui la compoſent, conformément à l'Article VI du titre premier.

Il en ſera délivré d'un autre modèle aux Capitaines des Compagnies ſoldées, pour y porter
journellement toutes les mutations de leur Compagnie ; cette feuille ſera arrêtée tous les deux
mois, & elle ſera ſignée de lui, viſée du Major
de la Diviſion, & envoyée au Quartier-Maître-
Général, pour ſervir, conjointement avec l'extrait
de revue, à régler le décompte des appointemens
& ſolde.

VIII. Ledit Capitaine tiendra auſſi un régiſtre
pour y inſcrire le compte de chaque homme ;
lequel ſera arrêté, ſoldé tous les ſix mois, & ſigné
des Soldats à chaque arrêté.

Il enverra prendre chez le Quatier - Maître-Tréforier-Général, par le Sergent-Major de fa Compagnie, le prêt de fa Troupe, tous les cinq jours, à l'heure qui en fera fixée, une fois pour toutes, au moyen d'un billet, ou carte de prêt, fignée dudit Capitaine, dont le modèle fera donné inceffamment.

Les appointemens dus aux Officiers feront payés premier de chaque mois, & remis à chaque apitaine, qui en fournira fon reçu au Quartier-Maître-Tréforier-Général, & qui fera chargé de les payer aux Officiers de fa Compagnie.

IX. Ledit Capitaine fera la vifite de fa Compagnie auffi fouvent qu'il le jugera à propos; mais au moins une fois tous les Dimanches, pour s'affurer, par lui-même, que la police, la propreté & la tenue convenable y'font obfervées.

X. Les Lieutenans & Sous-Lieutenans feront alternativement le fervice intérieur de leur Compagnie; un d'eux y fera, tous les jours, une vifite dans la matinée, pour veiller au bon ordre, au fervice, à la tenue, à la propreté des hommes & des chambrées ; il recevra le rapport des Bas-Officiers; il rendra compte au Capitaine de ce qu'il y aura eu de nouveau depuis la vifite de la veille.

D'après ce compte, qui fera rendu, avant onze heures du matin, au Capitaine, celui-ci formera fon rapport du jour, dans lequel il rendra compte de tout ce qui concerne le logement, les mutations & la police de fa Compagnie. Dans ce rapport, il fera les demandes des Congés limités qu'il jugera à propos d'accorder ; mais il répondra de la sûreté & bonne conduite des hommes , pour qui il les demandera ; il enverra ce rapport à la Parade , au Major ou à l'Aide-Major de semaine , auquel il sera répondu par le Major général , s'il y a lieu.

XI. Les Sergens-Majors ne monteront point de garde ; ils feront chargés d'aller à la Parade , & de commander le service ; ils veilleront particulièrement sur la tenue & propreté de l'armement, habillement & équipement , sous les ordres de leurs Officiers ; ils feront la distribution du prêt, de cinq en cinq jours, en présence de l'Officier de visite du jour , & seront chargés de recevoir & de distribuer à leurs Compagnies toutes les fournitures qu'on leur fera , de quelqu'espèce qu'elles soient , dont ils rendront compte à leur Capitaine.

XII. Les Tambours-Majors inspecteront les Tambours de leur Division , tous les jours, à la Parade, & ils feront chargés de l'école d'instruction des Tambours de la Division.

Le Tambour - Major le plus instruit sur les batteries , assemblera , une fois par mois, les Tambours-Majors & les Tambours des six Divisions , pour leur donner une leçon, dont le but sera de mettre de l'uniformité & de l'ensemble dans les signaux & dans les batteries ; lesquelles seront toujours les mêmes que celles de l'armée.

XIII. Les Sergens veilleront particulièrement à la tenue des hommes , & à la propreté des chambres ; ils feront les inspections des hommes de service , & les appels journaliers qui feront prescrits par les Chefs de Divisions & Commandans de Bataillons; ils inftruiront les hommes de Recrue, & les mettrons en état de faire le fervice le plus promptement poffible. Les principes de cette inftruction de détail, ainfi que ceux des manœuvres, feront pris dans les Réglemens qui font pratiqués dans les Troupes de l'Armée.

XIV. Les Caporaux feront chargés du foin de l'Ordinaire, de la propreté & tenue des chambres & de l'inftruction des Recrues, conjointement avec les Sergens, auxquels ils rendront compte.

XV. Les Grenadiers, Soldats & Tambours feront tenus toujours proprement; ils ne paroîtront point hors de leur logement fans être habillés uniformément, excepté les Ouvriers, qui, ayant obtenu la permiffion de travailler, pourront être coftumés relativement au genre de leur travail.

XVI. Aucun Caporal, Grenadier, Soldat ou Tambour, ne pourra fortir du Quartier avant l'appel du matin, ni refter en Ville après la retraite, à moins d'une permiffion fignée du Capitaine de la Compagnie.

Les Tambours battront l'affemblée devant leur Caferne, le matin à neuf heures. Ils feront affemblés, le foir, fur la place de la Parade de leur Divifion. Le Tambour-Major fera commencer de battre la retraite fur la place, à l'heure qui fera indiquée par le Major Général, & delà il fera diriger les Tambours, chacun vers leur Caferne, en battant la retraite.

XVII. Les hommes d'une compagnie feront partagées en autant d'efcouades qu'il y a de Caporaux; de manière que les nouveaux Soldats foient mêlés avec les anciens, & que le fervice fe faſſe par un nombre d'hommes quelconque , pris également dans chacune.

XVIII. Chaque Diviſion aura ſa Parade particulière ; le lieu où elle ſe fera, ſera, autant que faire ſe pourra, au centre ou chef-lieu des dix Diſtricts compoſant ladite Diviſion.

XIX. Le ſervice journalier pour la garde & police de la Ville, ſera fait par environ un quart de la Troupe ſoldée ; de manière que chaque homme puiſſe avoir trois nuits de repos d'une garde à l'autre.

La troupe non ſoldée fournira , pour le même ſervice, un ou deux Citoyens par Compagnie par jour alternativement. L'Aide-Major du Bataillon qui ſera chargé du contrôle deſdites Compagnies, les nommera ; en ſorte que chacun de ceux qui y ſeront inſcrits ayent au moins quarante-huit jours d'intervalle d'une garde à l'autre. Ces Citoyens ſe trouveront au rendez-vous général indiqué ci-après pour la Parade de la Diviſion, où ils ſe préſenteront au Sergent-Major de la Compagnie ſoldée de leur Bataillon.

Au moyen de cette fixation, la garde de la Ville ſera compoſée journellement, ſçavoir :

D'Infanterie ſoldée.	1,500 h.
D'Infanterie non ſoldée.	500
Total.	2,000 h.

XX. Les Sergens-Majors des Compagnies ſoldées, ſeront chargés de mener les hommes de garde aux lieux indiqués pour l'aſſemblée de la parade journalière de leur Division. Un Aide ou sous-Aide-Major s'y trouvera pour recevoir les rapports des Compagnies, & pour disposer les gardes par postes sur trois rangs.

XXI. Les jours de Fêtes & Dimanches, tous les Tambours de la Division se trouveront à la Parade; & les autres jours, il n'y en aura que la moitié; le Tambour-Major s'y trouvera tous les jours pour les inspecter & leur faire les signaux, ainsi qu'il est dit à l'article XII ci-dessus.

XXII. Il y aura tous les jours à la parade de chaque Division, l'Aide-Major, & un Capitaine d'une des Compagnies soldées; le plus ancien l'inspectera & la fera défiler. Le Major se trouvera tous les Jeudis & Dimanches, à la Parade de sa Division, & le Commandant à celle du Dimanche, & plus souvent, s'ils le jugent à propos. Lorsqu'un de ces deux Officiers supérieurs s'y trouvera, il l'inspectera & la fera défiler.

Tous les Officiers des Compagnies soldées se trouveront à la Parade du Dimanche.

Les Officiers des Compagnies non soldées pourront aussi s'y trouver; mais ils n'y seront pas obligés.

Les uns & les autres seront costumés dans l'Uniforme le plus exact, lorsqu'ils viendront à la Parade, soit pour l'inspecter, soit pour la voir défiler.

XXIII. Lorsque la Garde sera prête de défiler, il sera fait un roulement; à ce signal, les Officiers se placeront ensemble, sur un ou plusieurs rangs, pour la voir défiler; les Officiers supérieurs seront placés un pas en avant du premier rang, qui sera formé des Capitaines.

XXIV. A midi précis, l'Officier supérieur qui se trouvera présent, ou le plus ancien des autres, ordonnera à l'Aide-Major de faire défiler la Garde; cet Officier major la fera mettre en mouvement, en faisant marcher par peloton, à droite, pour défiler devant les Officiers; les Tambours battront au champ.

XXV. Le Major-général ordonnera, tous les jours, à un des Aides-Majors-généraux d'aller inspecter & voir défiler la Parade d'une Division; de manière que, tous les 6 jours, les parades des Divisions ayent été vues & inspectées par un Aide-Major-général.

XXVI. Il sera établi auprès du logement du Major-général, un Corps-de-Garde, dans lequel chaque Division enverra un Bas-Officier d'Ordonnance, lequel sera relevé tous les jours, à midi.

XXVII. Ce bas-Officier sera envoyé à la Parade de sa Division, avant midi, pour y porter les ordres que le Major-général auroit à y faire passer, & celui qui devra le relever s'y trouvera aussi, pour recevoir, de l'Aide-Major, les billets de rapports des Capitaines, qu'il portera au Major-général.

XXVIII. Les Gardes se porteront dans le plus grand ordre au lieu qui leur aura été indiqué par l'Aide-Major, pour y prendre poste, ou pour y relever celles qui y seroient déja.

XXIX. Le service dans les postes sera détaillé dans un Réglement général qui sera rendu par la Municipalité, pour la garde & police de l'intérieur & de l'extérieur de la Ville de Paris.

XXX. Il sera commandé un Capitaine & un Lieutenant ou Sous-Lieutenant par Division, tous les jours, pour faire la visite des Postes, & veiller à ce que les Patrouilles se fassent exactement. Ils feront ce service, la nuit comme le jour, & se concerteront ensemble pour se partager les Postes & Quartiers des Districts de la Division.

XXXI. Il y aura un Officier de Police à chaque Spectacle, & aux Vauxhall. Les Capitaines, Lieutenans & Sous-Lieutenans rouleront ensemble pour ce service, dont le détail se fera par le Major-Général ; ces Officiers seront dans l'uniforme le plus exact, & en hausse-col.

XXXII. La composition de la Garde & Police des Spectacles & Vauxhall, sera toujours composée d'un quart de Troupes non soldées, & les trois quarts des Troupes soldées.

XXXIII. En cas d'incendie, aussi-tôt que le tocsin sonnera, les Tambours battront la Générale dans le District de leur Bataillon. Alors la Troupe soldée & non-soldée prendra les armes, & se portera sur le lieu du District désigné pour l'Assemblée du Bataillon.

XXXIV. La Garde à Cheval la plus proche de l'incendie, détachera des Cavaliers, aussi-tôt qu'elle s'appercevra du feu, pour aller avertir le Commandant-Général, le Major-Général, le Commandant de la Cavalerie, & le Maire de la Ville, & elle fera sonner le tocsin à la Paroisse la plus voisine.

XXXV. Les Commandants des Gardes dans

le District duquel fera le feu, détacheront la moitié de leurs Postes au lieu de l'incendie, pour y faire la Police jufqu'à l'arrivée du Bataillon du District; alors elles fe retireront à leurs Postes refpectifs.

XXXVI. Les Officiers de l'Etat-Major-Général, & celui de la Division où fera le feu, fe porteront au lieu de l'incendie pour y faire obferver l'ordre fi néceffaire dans ces malheureufes circonftances, & pour encourager & diriger les Travailleurs.

XXXVII. Dès que le Bataillon fera affemblé, fi le Commandant du Bataillon ne s'y trouve pas, le plus ancien Officier &, en fon abfence, un bas-Officier, en prendra le Commandement, & fe portera fur-le-champ au lieu de l'incendie; la moitié fera armée pour faire la police, & l'autre moitié fans armes, pour prêter les premiers fecours.

XXXVIII. Les Capitaines des autres Compagnies des Bataillons de la Division où fera le feu, détacheront 20 hommes armés de leur troupe, & 20 hommes fans armes, conduits par un Officier ou Bas-Officier, pour y faire la Police.

XXXIX. Les Capitaines des Compagnies des cinq autres Divifions d'Infanterie, y enverront quatre hommes armés, & huit fans armes, conduits par un Bas-Officier.

XL. Les Capitaines n'enverront pas d'autres fecours à l'Incendie, que par les ordres qu'ils recevront du Major-Général; ils auront attention, en détachant des Travailleurs fans armes, d'envoyer de préférence ceux qui ont des profeffions

& qui peuvent être les plus utiles au travail contre l'incendie.

XLI. Les Gardes & Patrouilles feront toutes fous les Armes; elles ne quitteront pas leur pofte, & elles redoubleront de vigilance & d'activité dans leurs Diftricts, pour y maintenir la Police & le repos Public.

XLII. Les Troupes refteront fous les armes, jufqu'à ce que le Major-Général les faffe avertir par un Cavalier, de rentrer.

XLIII. La Générale ne fe battra pas, pour quelque caufe & fous quelque prétexte que ce foit, que pour incendie, fans l'ordre du Major-Général.

Lorfqu'il fe formera des émeutes, la Garde qui s'en appercevra la première en fera avertir promptement le Major-Général, qui y fera porter la force convenable pour les diffiper.

Signé, *De Boifpréaux. Gallet de Santerre, Demeftre du Rival, de Beriytter, Flament, Cherpitel, Chevalier Guillotte, de Pefcheloche, Parfeval de Grandmaifon, Debourge, le Marquis d'Elbée, le Chevalier de S. Tray, Adjoint; Gondeville, Chéron de la Bruyère, Guérin, Gerderet, Barre de Boifméan, Muguet de Champalier, le Comte de Vinezac, d'Acofta, Guérin de Sercilly, Defperrieres, Lebelle, Roualle Chevalier de Boifgelou, Guyard, Duberger, Lafoffe, de Kéralio, Jacquinot, Jacquin, de S.-Martin, de Lagrey, de Ramainvillier, Maffon de Neuville, Viot. Ferrouffat.*

Le Marquis de Chabert, Vice-Préfident; *Hion,* Secrétaire.

TITRE

T I T R E V.

Du Recrutement, Rengagement, Congés abfolus & limités.

A R T I C L E P R E M I E R.

Le terme des Engagemens fera de quatre ans tant pour les Soldats, ci-devant *Gardes-Françoifes* que pour tous ceux des autres Corps qui demanderont à être admis dans la *Garde-Nationale-Parifienne*.

Les Citoyens qui voudront fervir dans ledit Corps, feront tenus auffi de contracter un Engagement de quatre ans.

II. Les Sergens des ci-devant *Gardes-Françoifes*, qui ne deviendront pas Officiers au moment de la formation, & qui refteront au Corps, n'y contracteront point d'Engagement; ils y ferviront volontairement, feront feulement tenus à avertir fix mois d'avance, lorfqu'il voudront s'en aller.

Les Caporaux des ci devant *Gardes-Françoifes*, qui, au moment de la formation, pafferont au grade de Sergent, jouiront de la même prérogative; mais à l'avenir, aucun Sergent, Caporal, Grenadier ou Fufilier, ne pourra être Garde-National, fans contracter un engagement.

III. Il fera établi par le Quartier-Maître Tréſonier-Général un Regiſtre , dans lequel il inſcrira les hommes qui compoſeront les Compagnies ſoldées, avec leur ſignalement.

Le Commiſſaire-Général ſera tenu d'avoir un pareil Regiſtre.

IV. POUR entretenir le complet des Compagnies ſoldées ſur le pied preſcrit dans l'art. XVI du tit. I, on engagera les hommes, qui ſe préſenteront de bonne volonté, proportionnellement au nombre qui manquera.

V. LES hommes qui ſe préſenteront pour s'engager, ſeront conduits au Commiſſaire-Général, qui ſera chargé de les examiner, & de recevoir leur engagement.

Le Commiſſaire-Général ſera chargé auſſi de faire conduire le Recrue chez le Chirurgien-Major de la Diviſion, pour ſçavoir s'il n'a aucune infirmité qui puiſſe l'empêcher de ſervir.

Le Recrue ſera préſenté enſuite au Major-Général, pour confirmer ou infirmer ledit Engagement; &, après la confirmation, le Commiſſaire-Général ſera tenu d'inſcrire ledit Recrue ſur ſon Regiſtre, & de viſer ſon Engagement.

VI. Après ces formalités, le Recrue ſera conduit au Bureau du Quartier-Maître-Général, pour être inſcrit ſur les Regiſtres, y recevoir le prix de ſon Engagement, qui ſera dépoſé au Bureau, & connoître la Compagnie à laquelle il ſera deſtiné.

VII. Les hommes de Recrue qui ſe préſenteront ne ſeront admiſſibles que de l'âge de 16 ans juſqu'à 26.

Ceux de 16 à 20 auront au moins 5 pieds 2 pouces.

35

Ceux de 20 & au-deſſus, auront 5 pieds 4 pouces au moins.

VIII. Ceux des Recrues qui ne feront pas de Paris ne feront point admis, s'ils ne font porteurs de Certificats qui juſtifient leur fortie de chez eux. Ceux qui les auroient perdus, feront reçus fans engagement, juſqu'à ce que ces titres foient arrivés.

IX. Les hommes qui avant la Lettre du Roi, du 21 Juillet 1789, fe font réunis à la Troupe *Nationnale*, feront admis à fervir dans la *Garde-Nationale Pariſienne*; mais à l'avenir, ceux qui fe préſenteront fans Congé abſolu, ne feront point reçus.

Ceux qui auront fervi dans quelque Troupe que ce foit, ne feront reçus qu'autant qu'ils produiront un Congé abſolu, lequel fera dépoſé au Bureau, & qu'ils auront d'ailleurs les quallités requiſes pour être admis.

X. Les hommes du Régiment des ci-devant *Gardes-Françoiſes*, feront reçus, en produiſant leurs Congés abſolus. Ceux qui s'abſenteront dans le moment de la formation, feront reçus à leur retour, & conferveront leur rang d'ancienneté dans les Compagnies, pourvû qu'ils y rentrent dans l'eſpace d'un mois, paſſé lequel tems, ils feront regardés comme Recrue; & ils ne prendront rang dans la Compagnie, que de la date de leur Engagement.

XI. Il fera accordé la fomme de 50 liv. à chaque homme, le jour de fon Engagement, fur laquelle fomme il fera prélevé le prix des premiers effets de petit équippement, ainſi que celui de production·

XII. Lorſque les Compagnies non-foldées auront été formées par les Diſtrict reſpectifs, les Majors de Division feront dreffer, le plutôt poffible, par les Capitaines la Lifte des Officiers, Bas-Officiers, Caporaux & Gardes qui compoferont leurs Compagnies. Le Quartier-Maître Général délivrera des imprimés pour en faciliter le travail, & y mettre de l'uniformité. Cette Feuille fera connoître leurs noms de baptême, de famille, leur grade, âge, profeffion, le nom de leur rue, & le N.º de leur demeure. Chaque Citoyen Garde-Nationale fignera cette Lifte, qui fera dépofée au Bureau du Quartier-Maître-Tréforier-Général, pour y être le premier & le plus précieux dépôt des Archives du Corps.

Le Capitaine fera faire trois copies de cette feuille, avant de la dépofer au Bureau, dont une fera remife à la Municipalité, une reftera entre les mains du Capitaine & une entre celles de l'Aide-Major du Bataillon, ayant le détail du Service.

XIII. Tous les trois mois, aux époques qui font le terme des locations, les Capitaines defdites Compagnies feront l'appel des Citoyens qui les compofent; pour s'affûrer de leur exiftence, & faire le remplacement de ceux qui n'exifteront plus, conformément à l'Art. VI du Titre premier.

XIV. Les nouveaux Gardes-Nationaux de la troupe non-foldée, feront envoyés au Bureau du Quartier-Maître-Tréforier Général, munis d'un billet de leur Capitaine, qui défignera le nom du fujet qui ne fera plus compris dans la lifte, avec les raifons & le nom de celui qui le remplacera.

XV. Les hommes des Compagnies foldées, auront la liberté de fe rengager, s'ils font jugés en état de continuer leurs fervices.

XVI. Les rengagemens feront de 4 ou 2 ans. Ceux qui voudront fe rengager, le feront librement & pour un des deux termes ci-deffus arrêtés.

XVII. Le traitement des Gardes-Nationaux-Parifiens, étant un avantage fuffifant pour décider ceux qui voudront fe rengager, il ne fera rien payé pour les fufdits rengagemens. Ceux qui n'auroient pas eu une bonne conduite pendant leur premier Congé, ne feront point admis à fe rengager, & feront renvoyés à l'expiration de leur engagement ou rengagement.

XVIII. Tout Garde-National, qui, après avoir pris fon Congé abfolu, voudroit rentrer au corps, fera admis fans engagement, & prendra fon rang dans fa Compagnie, fi fon abfence n'eft que d'un mois; paffé lequel temps, il prendra la queue de la Compagnie où il fera placé.

XIX. Tout-Garde-National recevra, à l'expiration de fon engagement ou rengagement, fon Congé abfolu, fur la demande du Capitaine, dans fon Rapport du jour.

XX. Tout Garde-National recevra en même-temps la penfion de retraite qui fera fixée par le réglement qui aura lieu fur cet objet, s'il en eft fufceptible par fes fervices dans le Corps; l'intention de la Municipalité étant de prendre en confidération les fervices antérieurs des ci-devant Gardes-Françoifes & des Soldats des autres corps qui ont fervi la caufe Publique.

XXI. Tout Garde National qui obtiendra un Congé de grâce, payera cent livres, qui feront verfées dans la Maffe-Générale, & laiffera au Corps fon habillement, s'il ne le portoit pas depuis un an.

C iij

XXII. Les hommes qui défireront contraĉter de nouveaux engagemens, fe préfenteront à leur Capitaine, qui atteftera que le fujet propofé eft, par fa bonne conduite, fufceptible d'être admis à continuer fes fervices. Cet homme fera conduit enfuite chez le Chirurgien-Major, qui certifiera de fa bonne conftitution, & enfuite chez le Commif-faire-Général qui l'inférera fur fon regiftre, ainfi que le Quartier-Maître, chez qui il fera conduit.

Des Congés limités.

XXIII. La Municipalité de la Ville de Paris, ayant fixé la compofition de la Troupe foldée, proportionnellement au fervice qu'elle doit faire ; elle a jugé en conféquence qu'il n'étoit pas poffi-ble d'accorder de Semeftres ; mais, fon intention étant de ne priver aucun fujet de vaquer à fes affai-res particulières, elle autorife le Commandant-Gé-néral, d'accorder quelques Congés aux Officiers & à la Troupe foldée, qui fe trouveroient dans la nécef-fité indifpenfable de s'abfenter, fans toutesfois que le fervice puiffe en fouffrir.

XXIV. Lorfqu'un Officier de la Troupe foldée aura befoin de s'abfenter pour moins de quinze jours, la demande en fera faite au Commandant-Général, fur le rapport du jour, prefcrit par l'Art. X du Titre IV, à laquelle demande il fera répondu dans les 24 heures. Mais, lorfqu'un Officier voudra obtenir un Congé plus long, il fera un Mémoire contenant les motifs de fa demande, & le terme dont il aura befoin ; il fignera ce Mémoire, & le remettra à l'Officier du grade fupérieur au fien, dans fa Compagnie, fon Bataillon ou fa Divifion.

Ce Mémoire parviendra ainsi, de grade en grade, au Commandant du Corps ; les Officiers, par les mains de qui il paffera, le figneront. Le Commandant-Général écrira fur ledit Mémoire fon confentemeut ou fon refus, & le fera parvenir au Demandeur, en rétrogradant fa marche.

XXV. Si le Congé eft accordé, l'Officier le remettra au Quartier-Maître-Tréforier-Général, qui lui payera un mois d'appointemens d'avance, non - compris ce qui lui fera dû pour le mois courant, dont il lui fournira un reçu.

XXVI. Au retour du Congé, l'Officier reprendra fon Mémoire chez le Quartier-Maître-Tréforier-Général, & en fe préfentant chez le Commandant-Général, il le lui préfentera pour recevoir fon *vifa*.

Cette Pièce fera remife au Commiffaire-Général le jour de fa revue, par ledit Officier, pour être rappellé de fes appointemens, conformément à l'art. 5 du tit. 6.

XXVII. Les Bas-Officiers ou Gardes qui auront des befoins indifpenfables de s'abfenter, s'adrefferont à leur Capitaine, qui examinera la validité de leurs raifons ; & , lorfquelles feront de nature à accorder un Congé, ils en feront la demande dans le rapport du jour fuivant, ayant attention de n'en demander que pour les termes au-deffus de trois mois. On prévient au furplus, que le nombre des Congés ne dépaffera jamais celui de cinq Bas-Officiers ou Gardes par Compagnie.

XXVIII. Il fera imprimé un modèle defdits Congés, pour être fuivi & vifé par les Officiers défignés dans ledit Modéle.

Signé, Plaſſon, Chevalier Guillotte, Férouſſat, Delerm, Ramainvilliers, Papillon, d'Acoſta, Viot, Debourges, de Boiſpréaux, Barré, Flament, de Meſtre du Rival, de Peſcheloche, de Berivier, Jacquinot, Cherpitel, Groiſdée, Moud, Million, Lebelle, de Kéralio, Gallet de Santerre, le Comte de Vinezac, Jacquin, Lafoſſe, Guerin, Barré de Boiſméan, le Chevalier de S Tray, Adjoint.

Le Marquis de Chabert, Vice Préſident;

Hion, Secrétaire.

TITRE VI.

Des Revues du Commiſſaire Général de la comptabilité & de l'Adminiſtration.

ARTICLE PREMIER.

Des Revues du Commiſſaire-Général.

Il ſera établi des contrôles de revues conformes au modèle annexé au préſent Réglement, leſquels feront renouvellés tous les ans.

II. Le Commiſſaire-Général fera revue tous les deux mois, de chaque Diviſion, du 1er. au 8 des mois de Janvier, Mars, Mai, Juillet, Septembre & Novembre, pour ſervir au payement des appointemens, ſolde & maſſe de la Troupe ſoldée.

Le jour & l'heure de cette Revue feront indiqués à l'ordre, par le Major-Général.

III. Les Officiers de l'État-Major Général se trouveront à la revue de la Compagnie soldée du Ier. Bataillon de la première Division. Les Officiers des autres États-Majors qui reçoivent des appointemens, se trouveront à celle de la Compagnie du premier Bataillon de leur Division.

IV. Le Commissaire-Général constatera sur le contrôle de chaque État-Major & de chaque Compagnie, lors de la revue, la présence ou l'absence de ceux qui les composent.

V. Les Officiers absens, de quelque manière que ce soit, à l'époque de la revue, ne seront payés de leurs appointemens que jusqu'au jour inclus de leur absence, retraite ou mort ; ceux des Officiers qui seront de retour de congé, seront rappellés de leurs appointemens à la première revue, pourvu qu'ils produisent, au Commissaire-Général, l'attestation du Commandant-Général, prescrite au titre V, art. 26.

VI. Les Officiers nouvellement pourvus d'emplois, ou montés à un nouveau grade, seront payés du jour de la date de leurs brevets, & rappellés en conséquence à la première Revue ; lesdits brevets seront communiqués au Commissaire-Général le jour de sa revue.

VII. Les hommes qui se trouveront absens, à l'hôpital, ou en congé, seront compris dans la revue, mais ils cesseront d'être payés aux Capitaines du jour de leur entrée à l'hôpital, ou départ par congé inclusivement.

VIII. La solde des hommes de retour, à l'expiration des congés, sera remise aux Capitaines le jour du prêt qui suivra celui de leur retour, au moyen d'un bon de leur départ, joint au congé limité desdits hommes qu'ils enverront au Quartier-Maître-Tréforier-Général.

La fomme qui leur reviendra fera partagée entre l'homme de retour de congé & les hommes des Compagnies, qui ont fait leur fervice en commun, ainfi qu'il eft dit à l'article 39 du préfent titre.

IX. La folde entière des hommes qui auront été à l'hôpital reftera dans la caiffe du corps, pour payer les journées d'hôpitaux, quand on en fera la réclamation.

Les hommes qui feront morts, défertés ou congédiés dans l'intervalle d'une revue à l'autre, feront payés jufqu'auxdits jours inclufivement.

X. Les Recrues & ceux qui fortiront des hôpitaux, feront payés à compter du jour de leur atrivée au corps ou fortie de l'hôpital.

XI. Les Capitaines enverront, tous les dix jours, au Commiffaire-Général, l'état nominatif des mutations arrivées à leurs Compagnies, pendant les dix jours précédens, pour en faire l'enregiftrement fur les feuilles de revue dont le modèle eft ci-joint.

XII. Le Commiffaire-Général fera des extraits de fa revue, à raifon d'un par Compagnie, & d'un par chaque État-Major, fur des feuilles dont il lui fera délivré des Imprimés conformes au modèle joint au préfent Réglement; il les fera vifer du Major-Général, & il les enverra enfuite au Quartier-Maître-Tréforier-Général, pour lui fervir de

pièce de comparaifon & d'appui, ainfi que pour arrêter & folder les comptes des Compagnies.

De la Comptabilité.

Il fera établi une caiffe générale pour y verfer tous les fonds du Coprs. Cette caiffe fera toujours dépofée chez le Major-Général; elle aura trois ferrures différentes, dont les clefs feront tenues, favoir: une par le Major-Général; une par un Chef de Divifion, & une par le Quartier-Maître-Tréforier-Général.

Cette caiffe fera ouverte une fois tous les dix jours. Alors le Quartier-Maître-Tréforier Général retirera les fonds dont il aura befoin pour les dépenfes des dix jours fuivants, & y dépofera ceux qu'il aura reçus du Tréforier de la Ville.

XIV. Il y aura dans la caiffe un Journal d'entrée & de fortie des fonds, lequel n'en fera retiré que pour enregiftrer les fommes que le Tréforier de la Ville payera tous les mois, fuivant l'Art. 11 du Titr. II, & celles que le Quartier-Maître-Tréforier retirera. Cet enregiftrement fera fait & figné chaque fois par ledit Quartier-Maître-Tréforier-Général, en préfence des deux Officiers fupérieurs, dépofitaires des clefs.

XV. Le Quartier-Maître-Tréforier-Général fera refponfable des fonds qui lui auront été confiés.

Il ne fera aucun payement à qui que ce foit du Corps ou Etranger, excepté les appointemens, folde & maffe qui y feront dus, fans y avoir été autorifé par un ordre du Major-Général, approuvé par le Commandant-Général.

XVI. Le Quartier-Maître-Tréforier-Général

tiendra un Journal de recette & de dépense, dans lequel il portera, à mesure, les sommes qu'il retirera de la caisse, & celles qu'il dépensera.

XVII. Il fera le dépouillement de son Journal, tous les mois; il en portera les articles sur le Registre général, qui fera timbré: *Registre Général de Recette & Dépense du Corps des Gardes-Nationales-Parisiennes*. Ce Registre fera tracé de manière que tous les objets de dépense y soient distincts & séparés. Tous les articles de dépense porteront un N° correspondant à celui de la Pièce justificative.

XVIII. Le Commandant-Général fera établir un Comité Supérieur, & un Comité Inférieur, ou Permanent, pour l'examen de l'administration générale du Corps. Ces Comités s'assembleront, l'un ou l'autre, toutes les fois qu'il fera nécessaire, d'après les ordres du Commandant Général.

XIX. Il fera établi un Registre des Délibérations des Comités, sur lequel le Secrétaire-Général, qui en fera le Dépositaire, portera les Délibérations ou Décisions. Tous les Membres le signeront, à la fin de chaque Séance. Ceux qui seroient d'un avis différent à celui de la pluralité, feront obligés d'écrire leur opinion sur ledit Registre; ce qui cependant ne pourra pas empêcher l'exécution de l'Arrêté ou Décision de la pluralité des suffrages.

Le Comité Supérieur sera compofé
du Commandant-Général 1
Du Major-Général 1
D'un Membre de la Municipa-
lité . . . . 1 } Total 11
Du Chef ou Major de chaque
Divifion, alternativement . . . 6
Du Commandant de la Cavalerie. 1
& du Commandant de l'Ar-
tilerie 1

Le Commité Inférieur, ou permanent, fera com-
pofé du Major-Général 1
D'un Chef de Divifion . . . 1
D'un Major de Divifion . . . 1
D'un Commmrndant de Bataillon 1 } Total 7
Du Commandant de la Cavalerie 1
Du Commandant de l'Artillerie 1
Et d'un Capitaine 1

XXI. Tous les deux mois, le Comité Inférieur
s'affemblera chez le Major-Général, qui préfidera,
pour y examiner & arrêter provifoirement les comptes de recette & dépenfe des deux mois précédens,
& toutfce qui tient à l'adminiftration générale. Les
Arrêtés & Décifions feront également provifoires.
Le droit des Arrêtés & Décifions définitives ap-
partiendra au Comité Supérieur.

XXII. Le Quartier-Maître - Tréforier-Général
mettra fous les yeux du Comité Inférieur, le Regiftre Général du corps, & les Pieces juftificatives
de la dépenfe des deux mois précédens ; lefquels
Pieces feront arrangées dans l'ordre des articles.

Tous les articles de dépenfe y feront lus & dif-
cutés, s'il eft néceffaire, avant de les paffer.

XXIII. Le Comité Supérieur s'affemblera,
tous les ans, pour l'apurement & l'Arrêté définif
des Comptes de l'année; ce Comité fe tiendra
chez le Comandant-Général, qui en fera le
Préfident.

XXIV. Le Quartier-Maître-Tréforier-Général,
mettra également fous les yeux du Comité Supérieur le Regiftre-Général de la comptabilité des
finances du Corps, & dépofera, fur le bureau,
toutes les Pièces Juftificatives des Dépenfes de
l'année, arrangées par liaffe, de deux en deux
mois, fuivant les époques des Arrêtés du Comité
inférieur.

XXV. Le Commiffaire Général fe trouvera
aux Comités, fans y avoir de voix délibérative,
pour répondre aux queftions que les Membres pourroient lui faire fur des objets relatifs aux parties
dont il eft chargé.

XXVI. Les perfonnes du Corps ou toutes
autres, chargées de quelques parties d'Adminiftration, y feront appellées, lorfque le Comité le
jugera néceffaire.

XXVII. Après l'examen détaillé de toutes les
parties de la Comptabilité, les Recettes & Dépenfes de l'année feront arrêtées définitivement,
tant fur le journal de la Caiffe, que fur le Regiftre
général de la Comptabilité; l'un & l'autre feront
fignés de tous les Membres du Comité Supérieur.

XXVIII. Le réfultat de cet Arrêté fera porté fur
le Regiftre des Délibérations du Confeil.

XXIX. Il sera fait un procès-verbal de la Séance du Comité Supérieur, à l'occasion de l'Arrêté général de la Recette & Dépense du Corps, pour être remis à la Municipalité; lequel Arrêté présentera les sommes que le Trésorier de la Ville aura remises au Quartier-Maître-Trésorier-Général pendant l'année, & celles que ce dernier aura payées pour toutes les Dépenses du Corps, & enfin celle qui restera à la Caisse générale le jour de l'Arrêté. Ce procès-verbal sera fait par le Quartier-Maître-Trésorier-Général, signé par le Comité Supérieur, & visé du Commandant général.

Administration des Compagnies soldées.

XXX. Il sera formé des Magasins généraux & particuliers pour les remplacemens & entretien de toutes les parties d'Administration, concernant les Compagnies soldées.

XXXI. Le Magasin général sera le lieu où seront déposées toutes les étoffes ou fournitures neuves; les Magasins particuliers s'alimenteront des objets qu'ils retireront du Magasin général.

XXXII. Les Magasins particuliers seront au nombre de quatre, sçavoir:

Celui de l'habillement, & ses réparations;
Celui de l'équippement, & ses réparations;
Celui de l'armement, & ses réparations;
Et celui des effets de petite monture.

XXXIII. Chacune de ces parties sera confiée à un Officier instruit, qui aura, sous lui, un Bas-Officier de confiance; & il leur sera donné une

Inſtruction relative a l'objet dont ils feront chargés.

XXXIV. Il fera paſſé des marchés avec les Fourniſſeurs qui offriront le plus d'avantage, tant relativement aux prix, qu'aux qualité & quantité des articles qu'ils ſe chargeront de fournir. En conſéquence, il fera demandé inceſſamment des échantillons de toutes les différentes parties néceſſaires au Corps, pour le remplacement & entretien de ſes habillement, équippement, armement & effets de petite monture.

XXXV. Lorſque les échantillons feront parvenus au Quartier-Maître-Tréſorier-Général, chargé du détail de l'Adminiſtration du Corps, il en préviendra le Major-Général; celui-ci en rendra compte au Commandant, qui ordonnera l'Aſſemblée d'un Comité, pour les examiner, en arrêter les prix, s'il y a lieu, & autoriſer l'homologation des marchés dont le double ſera envoyé à la Municipalité.

XXXVI. Les Marchés pour toute eſpèce de fournitures à l'uſage du Corps, feront dreſſés par le Quartier-Maître-Tréſorier-Général, conjointement avec le Commiſſaire-Général. Ces Marchés feront foumis, avant d'être conclus, au Comité Permanent du Corps, qui les confirmera ou infirmera, & ils n'auront de valeur qu'autant qu'ils feront revêtus de ſon approbation. Après la concluſion de ces Marchés, on fera connoître aux Officiers du Corps, le nom des perſonnes qui feront chargées des fournitures qui les regardent particulièrement, telles que celles :

Des

Des Chapeaux,
Boutons,
Hauffe-Cols,
Gibernes,
Ceinturons,
Epées,
Epaulettes & Dragonnes.

Avec le prix de chacun de ces objets. Les modéles & échantillons de ces effets feront faits doubles, marqués de l'empreinte du Cachet du Corps & de celui du Soumiffionnaire, dont l'un fera dépofé au Magafin général du Corps, & l'autre chez le Fourniffeur.

XXXVII. Les Marchés pour les objets ci-deffus à l'ufage des Officiers, ne les obligeront point de faire leurs emplettes chez les fourniffeurs défignés; l'intention du Commandant-Général à cet égard, étant de donner les moyens aux Officiers du Corps d'avoir des effets exactement uniformes, au prix le plus jufte; & n'entendant point gêner la liberté d'aucun de ces MM. fur le choix de leurs Fourniffeurs.

XXXVIII. Les Capitaines feront fpécialement chargés de veiller à l'entretien des effets de petite monture des hommes de leur Compagnie, au moyen de ceux qu'on délivrera annuellement, fuivant l'Art. IV du Titre III, & de leur part de la bourfe commune preferite par l'Article XXXIX ci-après. Le Commandant-Général s'en rapporte à leur vigilance & à leur zéle, pour tous les effets détenus, ainfi que pour la Police & Difcipline intérieure de leurs Compagnies; ils fe feront aider par les Lieutenans & fous-Lieutenans, dans toutes les parties de tenue de Difci-

D

pline & d'Adminiſtration ; de manière qu'aucun de ces objets ne ſoit jamais négligé ni
ralenti.

XXXIX. L'expérience n'a que trop ſouvent
prouvé le déſavantage qu'il y a pour la ſanté d'un
Soldat de lui donner à faire le ſervice de ſon
camarade, ſous prétexte de pourvoir à ſon équippement ; en conſéquence cet uſage pernicieux
ſera proſcrit dans le Corps de la Garde-Nationale-
Pariſienne ; & toute eſpèce de Service ſe fera
toujours en commun par Compagnie de grade à
grade ; le Service des Sergens & Caporaux ſe
fera en commun par leurs camarades ; celui des
Appointés, Grenadiers ou Fuſiliers ſe fera auſſi
en commun par les Appointés & Fuſiliers
enſemble.

Les ſommes provenantes du bénéfice des congés
limités, ainſi que celle du ſervice des Travailleurs ou de la Garde & Police des Spectacles,
feront miſes dans une bourſe tenue par le Capitaine, & partagée, tous les trois mois, entre
ceux qui ont fait le Service.

Le compte de cette bourſe commune ſera
tenu en règle & communiqué, tous les mois, à
la Troupe.

XL. Les réparations journalières des habillement, Equippement & Armement ſe feront dans
les Attelliers établis pour cela, dans leſquels on
portera tous les objets à réparer.

Chaque partie d'habillement, équippement &
armement qui ſera portée au Magaſin, ſera
étiquetée.

1º. Du nom du Bataillon ;

2º. De celui de la Compagnie ;

3°. De celui de l'Homme;

4°. De l'espèce de réparation ;

5°. Des date & signature du Sergent-Major.

L'Officier chargé du détail de ces Atteliers examinera chaque partie, avant & après la réparation ; &, s'il s'apperçoit que les dégradations aient été faites par la faute des Gardes, il en fera porter la réparation sur leur compte.

XLI. Il sera fait un abonnement avec les Maîtres Tailleurs & Maîtres Buffletiers pour les réparations journalière, auquels il sera fourni seulement de vieilles pièces.

Quant aux façons de l'habillement, il sera arrêté un tarif pour la façon de chaque pièce d'habillement de la Troupe, avec des Tailleurs qu'on placera à la tête des atteliers, sons les ordres des Officiers & Bas-Officiers qui y seront nommés; lesquels Maîtres Tailleurs prendront mesure à tous les hommes, & répondront de leur coupe & façons.

XLII. Il sera également arrêté un Tarif avec des Armuriers, pour la Fourniture de toutes les pièces qui composent un fusil & sabre, ou pour leurs réparations.

XLIII. Les Abonnemens & Tarifs ci-dessus seront soumis à la discussion du Comité inférieur qui les signera, s'il les approuve.

VLIX. Les Maîtres Ouvriers seront payés, tous les deux mois, par le Quartier-Maître-Trésorier-Général sur un état fait par les Officiers chargés du détail des différens atteliers, en suivant les prix des Tarifs & Abonnemens approuvés par le Comité inférieur.

XLV. Les dépenses pour le logement des troupes foldées , ainfi que celle relatives à l'hôpital ; feront à la charge de la Municipalité , à moins qu'elle ne faffe les fonds néceffaires au corps , pour payer les loyers , les remplacemens & entretiens des fournitures & uftenfiles , tant des caſernes que de l'hôpital.

XLVI Dans le cas où la Municipalité en chargeroit le Corps , au moyen d'un abonnement convenu , le Comité inférieur nommera les Officiers & Bas-Officiers néceffaires pour veiller à l'entretien de ces deux parties importantes.

De la Difcipline.

XLVII. Malgré la grande confiance qu'on doit avoir en des fujets qui l'ont méritée , en fe facrifiant à la caufe commune des Citoyens , il eft néanmoins de la plus grande importance de préfcrire une difcipline , fans laquelle le fervice de la meilleure Troupe n'a qu'un effet paffager & momentané ; & , afin de rendre refpectable , dans tous les tems , celui des Gardes-Nationales Parifiennes , il fera établi quelques principes de difcipline dans un Réglement particulier , qui conviendront à-la-fois au fervice de la Capitale , aux fujets qui le feront , & à l'efpèce de fautes.

Signé, *Plaffon , Chevalier Guillotte , Férouffot, Delorme , de Ramainvillier , Papillon , d' Acofta , Viot , Debourge , de Boifpréaux , Barré , Flament, Demeftre du Rival , de Pelcheloche , de Beriytier, Jacquinot , Cherpitel , Groiffedée , Maud , Millout, Lebelle , de Kéralio , Gallet de Santerre , le Comte de Vinezac , Jacquin , Lafoffe , Guérin , Barré de Boifméan , Chevalier de S. Tray , Adjoint.*

Le Marquis de Chabert , Vice-Préſident
Hion , Secrétaire.

TITRE VII.

*CONCERNANT l'ordre à obferver tant pour dé-
terminer le rang des Divifions dans la ligne,
celui des Bataillons dans les Divifions, &
celui des Compagnies dans les Bataillons,
en exécution de l'Article IX du Titre premier du Réglement pour la Formation, Or-
ganifation, Solde, Police & Adminiftration
de l'Infanterie Nationale-Parifienne, que
pour effectuer la Nomination aux Emplois
créés par ce Réglement.*

ARTICLE PREMIER.

Le Commandant-Général préfentera, le plutôt
poffible, la lifte des Officiers de l'Etat-Major-
Général, ainfi que celle des Majors de Divifion,
dont la nomination fera faite par la Municipalité.

II. L'Affemblée générale de chaque Diftrict, ou
le Comité qu'elle a établi, enverra à fon Député,
au Comité Militaire de l'Hôtel-de-Ville, un pouvoir qui l'autorife à participer au tirage qui fe fera
en préfence des Repréfentans de la Commune,
aux jours & heures indiqués, du rang qu'auront
les Divifions dans la ligne.

III. Les Diftricts font prévenus que, fi au jour
& à l'heure indiqués, leur Député, ou fon Sup-

pléant, ne fe trouve pas dans la falle du Comité Militaire, on procédera, tant en abfence qu'en préfence.

IV. Au jour & à l'heure indiqués, les Repré-fentans des dix Diftriéts compofant la première Divifion, fuivant le tableau annexé au Régle-ment, ayant été introduits dans la Salle d'Affem-blée des Repréfentans de la Commune, M. le Préfident préfentera un vafe, dans lequel on mettra neuf billets blancs, & un billet fur lequel fera écrit : *Repréfentant des dix Diftriéts, compofant la Divifion.* Les dix Diftriéts viendront fucceffi-vement prendre un billet dans le vafe ; & celui auquel fera échu le billet du Repréfentant de la Divifion, la repréfentera dans les tirages fuivans.

V. On mettra tout de fuite dans le vafe dix autres billets, fur chacun defquels fera infcrit le nom d'un des dix Diftriéts ; le Repréfentant des dix Diftriéts en tirera un ; & le nom écrit fur ce billet, défignera le Diftriét où s'affembleront les trente Députés qui doivent nommer le Chef de Divifion, conformément à l'article III du Titre II. La même chofe fe fera pour les cinq autres Divi-fions, ce qui réduira les foixante Députés à fix ; ces fix derniers tireront au fort le rang des Divi-fions dans la ligne. Pour cela on mettra dans le vafe fix billets, fur chacun defquels fera écrit 1er, 2e, 3e, 4e, 5e, ou 6e Divifion. Chaque Repréfentant en prendra un, & fa Divifion aura dans la ligne le rang qui lui fera échu dans le tirage.

VI. Il fera dreffé de toutes ces opérations, un procès-verbal dont copie fera envoyée à tous les Diftriéts, auxquels l'Affemblée des Repréfentans

de la Commune indiquera en même tems le jour
& l'heure de l'Assemblée des Députés qui nommeront les chefs de Division, sous la Présidence
du Chef du District où se tiendra chaque Assemblée de Députés.

MM. les Députés nommeront, dans cette Assemblée, le Chef de Division & le Chirurgien-
Major, qu'on ne pourra prendre que parmi les
Maîtres en Chirurgie; après quoi on procédera au
tirage du rang qu'auront entr'eux les Bataillons
dans la Division.

VII. Le procès-verbal de ces opérations sera
porté aux Districts où l'on s'occupera de la nomination de tous les Officiers des Compagnies non-
soldées, & du Capitaine de la Compagnie soldée.
Le District nommera aussi son Commandant de
Bataillon & son Aide-Major; après quoi on tirera
au sort le rang des Compagnies dans le Bataillon,
en observant que la Compagnie soldée a sa place
décidée au centre du Bataillon, par l'Article IX
du Titre I du Réglement.

VIII. Chaque District fera remettre à l'Assemblée des Représentans de la Commune, par une
Députation, un Etat qui indiquera le numéro de
la Division dont il fait partie, le rang de son Bataillon dans la Division, & celui des Capitaines
dans le Bataillon. Il sera dressé de manière qu'on
puisse y voir quels sont les Officiers attachés à
chaque Compagnie.

Le Chef de Division, le Commandant de Bataillon & l'Aide-Major, y seront nommés, ainsi
que le Chirurgien-Major qui aura été élu.

IX. L'Assemblée des Représentans de la Commune, après s'être assurée, par l'examen de ces

États, que le rang des Divisions dans la ligne, des Bataillons dans les Divisions, & celui des Compagnies dans les Bataillons est décidé, & que toutes les nominations d'Officiers sont faites, conformément aux Réglement, le Tableau de la Garde - Nationale - Parisienne, sera imprimé & adressé à tous les Districts.

Signé, *Le Marquis d'Elbée, Millon, de la Grey, Guerin, Pescheloche, Papillon, de Mefire, Cherpitel, la Fosse, Roualle - Chevalier de Boisgelou, Barré, Parseval de Grandmaison, le Chevalier Guillote, de Lerm, de Mandat, de Bourges, Féroussat, Barre de Boismean, Guerin de Sercilly, Masson de Neuville, Gerdret, Dubergier, de la Colombe, Jacquinot, de Keralio, Guyard, Jacquin, Viot, Bardelle, Gallet de Santerre, Gondeville, Beriytter, Flament, de St-Martin, Lebelle, de Ramainvilliers, Muguet de Champalier, Groisdée, de Boispréaux, le Comte de Vinezac, d'Acosta, le Chevalier de St-Tray, Adjoint, Chéron de la Bruyère, de la Tour.*
Le Marquis de Chabert, Vice Président.
Hion, Secrétaire.

HABILLEMENT.

Troupe non-soldée.

ARTICLE PREMIER.

HABITS.

L'Habit sera fait de Drap bleu de Roi, de Sedan mi fin, ou de Louviers, ayant des revers & paremens de drap blanc, collet montant de drap écarlate , la doublure de voile blanc , avec un passe-poil écarlate ; les boutons & distinctions feront jaunes.

Le collet fera montant , & proportionné à la hauteur du col.

Les revers auront , depuis la pointe fupérieure jufqu'au bas , qui fera coupé quarrément , 19 pouces de longueur , pour les perfonnes de longue taille , 18 pouces pour ceux de la moyenne, & 17 pouces pour ceux de la petite.

Ils auront trois pouces pleins au troifième bouton ; 2 pouces 8 lignes au cinquième , & 2 pouces 6 lignes au feptième.

L'écuffon du haut du revers s'étendra jufqu'au haut de l'épaulette, en fuivant bien le tour de la couture du collet ; le haut fera coupé en patte , dont le milieu fera pointu.

Il y aura 7 petits boutons à chaque revers.

Les paremens feront coupés à 3 pouces de long tout retrouffés , y compris le paffe-poil ; la largeur fera proportionnée à la groffeur du bras , & jufte autour de la manche.

Ils feront ouverts fur le côté extérieur ; & fe fermeront par deux petits boutons , dont le premier fera placé à 9 lignes du bas du parement , le deuxième à 20 lignes du premier.

L'ouverture du parement fera prolongée de deux pouces & demi à l'avant bras , & fe fermera par un petit bouton , placé pareillement à 20 lignes du fecond.

Il y aura un paffe-poil fur l'habit , & ce paffe-poil fera fait en drap écarlate.

Sur les retrouſſis de l'habit, il ſera mis aux quatre coins des pans, un vaiſſeau découpé en drap écarlate; le vaiſſeau ſera de 2 pouces & demi de large, ſur deux pouces & demi de long.

L'habit ſera agrafé, 1°. au collet, 2°. ſur la poitrine.

Trois petits boutons à chaque parement.   6

Sept petits à chaque revers.   14

Un petit à chaque épaulette & contre-épaulette.   2

Douze petits à la veſte.   12

Trois gros boutons au bas du revers droit de l'habit.   3

Cinq gros à chaque poche.   10

La patte taillée en patte d'oie, ſur deux pointes.

Deux gros ſur les hanches, & deux gros pour le bas des plis.   4

Les poches feront poſées en travers, & ne feront que figurées ſur les baſques de l'habit.

Les poches feront ouvertes en travers ſous les baſques.

Le bouton ſera de douze lignes de diamètre; il y aura un filet autour dudit bouton, les armes de la Ville au milieu; le n°. de la Diviſion au haut du bouton, & le n°. du Bataillon au bas dudit bouton.

Le bouton ſera de cuivre poli, pour les Soldats de la Troupe Nationale, & de cuivre doré pour les Officiers.

Les veſtes feront faites de drap blanc, pour l'hiver, avec les boutons dont il eſt fait mention ci-deſſus.

La culotte fera faite à grand pont, avec les boutons de même étoffe.

II. CHAPEAU.

Le Chapeau fera demi-caftor, & coupé rond ; il aura quatre pouces de profondeur de forme, & 5 pouces & demi d'ailes.

Les ailes feront relevées avec des agraffes à l'ordinaire, & l'aile du côté gauche fera arrêtée par un ruban de foie noire, attaché à un petit bouton uniforme.

Le chapeau fera bordé d'un galon de foie noire, de dix lignes de large, à cheval fur ledit Chapeau.

III. COCARDE.

LA cocarde fera faite de bazin ; elle aura 3 pouces 6 lignes de diamètre ; le centre fera blanc, fur un pouce de diamètre : les deux couleurs incarnat & bleu de Roi y feront adaptées. Le bleu de Roi formera un cercle, de 9 lignes de large, entourant le centre, l'incarnat formera le cercle extérieur, & il fera également de 9 lignes de large.

IV. HOUPPE.

La Houppe fera femblable à celle des Grenadiers ; elle fera de foie, & chaque divifion aura fa couleur.

La première fera incarnat ou ponceau.

La deuxième bleu de Roi.

La troifième blanche.

La quatrième bleu de Roi & ponceau, mêlée par moitié.

La cinquième incarnat, bleu de Roi & blanc, par tiers.

La sixième sera blanche, mêlée de bleu de Roi, par moitié.

V. A l'égard des Guêtres noires ou blanches, des Cappottes, des Cols, des boucles & autres objets du Tit. 3, Art. 1r, on suivra le Réglement provisoire, pour les Epaulettes, Epées, Drapeaux, Flammes, Equippement & Armement, & suivant les modèles qui seront déposés à l'Hôtel-de-Ville.

VI. La plaque de la Giberne sera de cuivre poli, de forme ovale, & elle aura 3 pouces & demi de hauteur; l'Ecusson sera aux Armes de la Ville.

Les Gibernes & Porte-Gibernes, les Ceinturons en Baudrier seront conformes aux Modèles cachetés, & déposés à la Municipalité.

A l'égard des objets ci-dessus, concernant la Troupe soldée, ils seront remplacés à fur & mesure qu'ils seront usés, par les mêmes que ci-dessus.

Signé, *le Marquis d'Elbée, de la Grey, Guerin, Pescheloche, Papillon, de Mestre, Cherpitel, la Fosse, Roualle - Chevalier - de Boisgelou, Barré, Parseval de Grand - Maison, le Chevalier Guillotte, de Lerm, de Mandat, de Bourges, Féroussat, Barré de Boismean, Guérin de Sercilly, Masson de Neuville, Gerderet, Dubergier, de la Colombe, Jacquinot, de Keralio, Guyard, Jacquin, Viot, Bardelle, Gilliot de Santerre, Gondeville, Berriytter, Flament, de St-Martin, Lebelle, de Ramainvilliers, Muguet de Champalier, Groisdée, de*

Boispréaux, le Comte de Vinesac, d'Acosta, le Chevalier de St-Tray, Adjoint, Chéron de la Bruyère, de la Tour.

Le Marquis de Chabert, Vice-Présidenc.
Hyon, Secrétaire.

PREMIÈRE OPÉRATION.

POUR l'Organisation de la GARDE NATIONALE.

LA grande majorité des Assemblées des Districts ayant provisoirement adopté les quatre premiers Titres du projet de Réglement pour la formation & organisation des Gardes-Nationales-Parisiennes l'Assemblée des Représentans de la Commune, charge M. le Commandant Général de mettre ledit Réglement à exécution.

En conséquence, la première formation des Compagnies sera faite de la manière suivante :

ARTICLE PREMIER.

Les Districts sont invités à fournir, & faire préparer les Maisons ou Quartiers qui doivent servir à caserner les Compagnies soldées, pour pouvoir les y porter, dès que le dédoublement aura eu lieu.

Les Districts sont invités, en même-temps, à choisir, autant qu'il sera possible, les Maisons ou Quartiers dans le centre de l'arrondissement du District, pour la facilité du Service. Ils sont priés de faire connoître, dans la journée, s'il est possible, les emplacemens choisis.

II. Les Compagnies de Grenadiers resteront

telles qu'elles font ; & , cependant , comme le dédoublement des Compagnies de Fufiliers , pourroit donner un avantage à ces derniers, pour l'avancement aux places de Caporaux, il paroît jufte d'en deftiner quelques-unes aux Grenadiers , & de faire concourir un certain nombre d'entr'eux à ces Compagnies de Fufiliers , ainfi qu'il eft d'ufage dans toutes les Troupes.

III. Les vingt-quatre Compagnies reftantes de Fufiliers feront dédoublées , pour former le fond & la tête des quarante-huit autres Compagnies, bien entendu qu'il ne refteroit dans les Compagnies que les Soldats qui ne voudroient pas profiter de leurs Congés abfolus.

IV. Quant aux fix Compagnies reftantes , il fera pris, pour en former la tête, un nombre des ci-devant Gardes-Françoifes, en obfervant le rang d'ancienneté , & on y incorporera, ainfi que par la fuite, les Soldats des autres Régiments qui voudront fervir dans la Garde Nationale.

V. En expliquant les Art. I & XI du Titre V, il eft ordonné que les Soldats du ci-devant Régiment des Gardes-Françoifes , ferviront à volonté, fous la condition feulement d'avertir fix mois d'avance de leur retraite.

VI. En même-tems que la répartition des Gardes anciens & nouveaux, fe fera conformément aux deux articles ci-deffus, on procédera, fi cela n'eft pas fait, à la nomination des Officiers des Compagnies foldées , ainfi qu'il eft porté audit Réglement.

VII. Le nombre de MM. les Sergens du ci-devant Régiment des *Gardes-Françoifes* , pouvant excéder celui de cent vingt Places de Lieutenants

& de sous-Lieutenants des Compagnies soldées, qui leur sont destinées par le Réglement, & ces MM. ayant tous également mérité de la Patrie, ceux d'entr'eux qui ne pourroient point être placés en pieds, au moment de la formation, seront employés de la manière suivante.

Les Sergens des ci - devant *Gardes - Françoises*, excédant le nombre des cent vingt, désignés ci-dessus, auront le Brevet de sous-Lieutenant, & jouiront des Appointements affectés à ce grade.

VIII. Ces Officiers continueront à jouir de ces prérogatives, jusqu'à ce qu'ils soient remplacés & nommés aux sous-Lieutenances des Compagnies soldées ; & l'on suivra, pour cette nomination & ce remplacement, le rang d'ancienneté.

IX. Ces Officiers seront spécialement affectés à l'instruction des Compagnies non soldées, & à la manière de régler le service entr'elles, conjointement avec l'Aide-Major du Bataillon.

X. Si le nombre de ces Officiers surnuméraires étoit de soixante, il en seroit affecté un à chaque Bataillon, pour l'instruction ci-dessus. Si le nombre étoit moindre, on tâcheroit d'en faire une répartition égale par chaque division.

XI. A mesure que les Officiers passeront aux sous-Lieutenances des Compagnies soldées, leurs Places demeureront éteintes & supprimées : l'intention de la Municipalité étant que ces Places, créées seulement pour MM. les Sergens des ci-devant *Gardes-Françoises* non-placés, au moment de la formation, ne soient conférées à aucun autre Sujet, sous quelque prétexte que ce puisse être.

XII. Au moment même de la répartition des

Gardes dans les soixante Compagnies des soixante Districts, le décompte de tout ce qui revient à chaque Garde, soit de la Masse, soit du produit du Magasin, soit des autres objets qui auront été accordés par la Ville & les Districts, sera commencé & terminé, aussi-tôt que possible, par le Sergent-Major de la Compagnie.

XIII. La Compagnie entière, ou les deux demi-Compagnies dédoublées, se rendront au lieu qui aura été indiqué & préparé dans chaque District pour les recevoir.

XIV. Aussi-tôt que cette opération sera faite, on s'occupera des autres Soldats qui sont répandus dans les autres Districts.

Signé, *Le Marquis d'Elbée, de la Grey, Guérin, Pescheloche, Papillon, de Mestre, Cherpitel, la Fosse, Roualle-Chevalier de Boisbé'ou, Barré, Parseval de Grandmaison, le Chevalier Guillotte, de Lerm, de Mandat, de Bourges, Feroussat, Barré, de Boisméan, Guérin de Sercilly, Masson de Neuville; Gerderet, du Bergier, de la Colombe, Jacquinot, de Kéralio, Guyard, Jacquin, Viot, Bardelle, Gallet de Santerre, Gondeville, Berriytter, Flament, de St-Martin, Lebelle, de Ramainvilliers, Muguet de Champalier, Goisdée, de Boispréaux, le Comte de Vinezac, d'Acosta, le Chevalier de St-Tray,* Adjoint, *Chéron de la Bruyère, de la Tour.*

Le Marquis de Chabert, Vice-Président.

Hyon, Secrétaire.

Vérification faite des Délibérations prises par les différens Districts, sur le *Réglement d'Organisation Militaire,* l'Assemblée déclare que la presque totalité des Districts a consenti l'exécution provisoire dudit Réglement; en conséquence, d'après la lecture de cette partie du Réglement, l'Assemblée l'adopte, ordonne qu'elle sera exécutée, &, à cet effet, envoyée à tous les Districts.

Signé, *Moreau de St-Méry, de la Vigne,* Présidens.

Brousse Desfaucherets, Secrétaire.

De l'Imprimerie de CAILLEAU, rue Gallande, No. 64.